Sibel Firat und Selcuk Firat

Controlling

**Erfolgreich in den Beruf starten: Praktische
Tipps für Berufsanfänger**

Sibel Firat und Selcuk Firat

Controlling

Erfolgreich in den Beruf starten: Praktische Tipps für Berufsanfänger

Bibliografische Information der Deutschen
Nationalbibliothek:
Die Deutsche Nationalbibliothek verzeichnet diese
Publikation in der Deutschen Nationalbibliografie;
detaillierte bibliografische Daten sind im Internet über
http://dnb.dnb.de abrufbar.

Herstellung und Verlag: BoD - Books on Demand,
Norderstedt

ISBN: 978-3-7526-2311-6

Inhaltsverzeichnis

Vorwort

Wir freuen uns, Ihnen unser neues Buch vorzustellen, das Ihnen als Impulsgeber dienen soll. Unser Ziel ist es, Sie dazu zu inspirieren, sich weiterzubilden und Ihr Wissen zu erweitern. Wir sind davon überzeugt, dass dieses Buch Sie dazu ermutigen wird, neue Ideen zu entwickeln und Ihr Potenzial auszuschöpfen.

Herzlichen Glückwunsch zum Start Ihrer Karriere! Schnell werden Sie feststellen, dass die Realität oft anders aussieht als die Theorie. Im Gegensatz zur Theorie, in der alle notwendigen Informationen verfügbar sind, bevor Entscheidungen getroffen und Aufgaben erledigt werden, müssen Sie in der Praxis oft Entscheidungen unter Zeitdruck treffen und mit unvollständigen Informationen arbeiten. Es laufen oft mehrere Vorgänge parallel und Projekte können sich über einen längeren Zeitraum hinziehen und sich dabei auch mehrmals ändern. Zudem müssen Sie flexibel auf Ad-hoc-Anfragen reagieren und Ihre

Prioritäten anpassen. Als Controller können Sie durch den richtigen Umgang mit Menschen (Kollegen, Kunden, Geschäftspartnern und anderen Beteiligten) den größten Mehrwert für Ihr Unternehmen generieren. Daher ist es wichtig, neben Ihren Hard Skills auch Ihre Soft Skills kontinuierlich zu verbessern, indem Sie mit Menschen unterschiedlicher Hintergründe und Berufe zusammenarbeiten und Verantwortung übernehmen. Coachings können dabei helfen. Obwohl es viele Bücher über die Methoden im Controlling gibt, sind Informationen zum Tagesgeschäft und den Abläufen hinter den Kulissen oft schwer zu finden. Deshalb haben die Autoren dieses Buch geschrieben und möchten Ihnen helfen, sich stetig weiterzuentwickeln und den Erfolgsfaktor zwischenmenschliche Beziehungen und Kommunikation nicht zu vernachlässigen.

Wir wünschen Ihnen viel Freude beim Lesen und alles Gute für Ihre berufliche Zukunft. Das Buch ist unseren Kindern gewidmet, denen wir alles Glück der Welt wünschen.

Die Autorin Frau Sibel Firat ist Psychologin, während Herr Selcuk Firat Betriebswirt ist.

Zur besseren Lesbarkeit wird in diesem Buch das generische Maskulinum verwendet. Die in diesem Buch verwendeten Personenbezeichnungen beziehen sich auf alle Geschlechter.

Entscheiden Sie sich für ein Growth Mindset

In diesem Kapitel werden wir die Bedeutung von Growth Mindset für den Erfolg eines Controllers untersuchen und wie man seine Denkweise ändern kann, um ein Growth Mindset zu adoptieren. Wir werden sehen, wie eine positive Einstellung und Motivation wesentlich für den Erfolg sind und wie man durch gezielte Autosuggestionen und andere Methoden seine Denkweise ändern kann.

Lena und Tim arbeiten in derselben Abteilung eines großen Unternehmens, aber ihre Einstellungen sind sehr unterschiedlich. Lena hat ein Growth Mindset, während Tim ein Fixed Mindset hat. Lena ist immer motiviert und sieht Herausforderungen als Gelegenheiten, um zu wachsen und sich weiterzuentwickeln. Sie nimmt sich Zeit, um neue Fähigkeiten zu erlernen und sucht aktiv nach Feedback, um sich zu verbessern.

Im Gegensatz dazu ist Tim oft frustriert und hat Angst vor Fehlern. Er meidet Herausforderungen und hält sich an Aufgaben, die er bereits beherrscht. Tim ist überzeugt davon, dass er nur über begrenzte Fähigkeiten und Talente verfügt und dass er sich nicht weiterentwickeln kann. Lena versucht immer wieder, Tim zu motivieren und ihm zu helfen, ein Growth Mindset zu entwickeln, aber es scheint, als ob Tim sich nicht ändern will.

Eines Tages werden Lena und Tim mit einem neuen Projekt betraut, das viele Herausforderungen mit sich bringt. Lena sieht dies als Gelegenheit, um neue Fähigkeiten zu erlernen und sich weiterzuentwickeln, während Tim überwältigt und überfordert ist. Lena unterstützt Tim und gibt ihm hilfreiche Ratschläge, wie er seine Fähigkeiten verbessern und Herausforderungen bewältigen kann.

Mit Lenas Unterstützung beginnt Tim, seine Einstellung zu ändern und sich auf die Chancen zu konzentrieren, die das Projekt bietet. Er beginnt, neue Fähigkeiten zu erlernen und wächst mit jeder Herausforderung. Lena und Tim arbeiten gut zusammen und lernen voneinander, während sie das Projekt erfolgreich abschließen.

Am Ende des Projekts ist Tim erstaunt darüber, wie viel er gelernt hat und wie sehr er gewachsen ist. Er ist dankbar für Lenas Unterstützung und erkennt, wie wichtig es ist, eine positive Einstellung zu haben und Herausforderungen anzunehmen, um zu wachsen und sich weiterzuentwickeln. Lena und Tim sind ein gutes Beispiel dafür, wie eine positive Einstellung und ein Growth Mindset den Erfolg fördern und zu einer positiven Arbeitsumgebung beitragen können.

Ein Growth Mindset ist eine Denkweise, die uns befähigt, uns zu entwickeln und zu wachsen. Im Gegensatz dazu steht das Fixed Mindset, das davon ausgeht, dass unsere Fähigkeiten und Talente festgelegt und unveränderlich sind. Menschen mit einem Fixed Mindset meiden Herausforderungen, haben Angst vor Fehlern und fühlen sich durch den Erfolg anderer bedroht. Im Gegensatz dazu betrachten Menschen mit einem Growth Mindset Herausforderungen als Chancen, um zu wachsen und dazuzulernen. Sie wissen, dass Erfolg das Ergebnis harter Arbeit und Ausdauer ist und dass Fehlschläge wertvolle Lerngelegenheiten bieten.

Als Controller sind Sie in einer einzigartigen Position, um ein Growth Mindset zu entwickeln und zu fördern. Indem Sie ein Growth Mindset kultivieren, können Sie Veränderungen im Unternehmen herbeiführen und den Erfolg fördern. Ein erster Schritt, um ein Growth Mindset zu entwickeln, ist die Überwindung von Selbstzweifeln und die Annahme, dass Fehlschläge und Herausforderungen unvermeidlich sind. Indem Sie Fehler und Herausforderungen als Lerngelegenheiten betrachten, können Sie sich weiterentwickeln und wachsen.

Ein weiterer wichtiger Aspekt des Growth Mindsets ist die Fähigkeit, sich auf den Prozess zu konzentrieren, anstatt nur auf das Ergebnis. Indem Sie den Prozess schätzen und sich auf kontinuierliche Verbesserung konzentrieren, können Sie sich und Ihr Team auf Erfolgskurs bringen. Ein Growth Mindset fördert auch die Zusammenarbeit und das Teilen von Wissen und Erfahrungen, was zu einem tieferen Verständnis und besseren Ergebnissen führen kann.

Es ist wichtig zu verstehen, wie unsere Gedanken und unser Selbstbild unsere Denkweise und unser Verhalten beeinflussen können, um ein Growth Mindset zu entwickeln. Durch bewusstes Einflussnehmen auf unsere Gedanken und Verwendung von positiven Affirmationen können wir uns helfen, eine positive Denkweise und ein gesundes Selbstbild zu entwickeln, die uns dabei unterstützen, Herausforderungen anzunehmen und unser volles Potenzial zu entfalten. Durch die Selbstreflexion und das Streben nach persönlichem Wachstum können Sie Ihre Fähigkeiten verbessern, Ihr Selbstbewusstsein stärken und ein erfüllteres Leben führen.

Die Entwicklung eines Growth Mindsets für Controller und Unternehmen kann von unschätzbarem Wert sein. Indem Sie sich auf kontinuierliches Wachstum und Verbesserung konzentrieren, können Sie das volle Potenzial Ihrer Fähigkeiten entfalten und Ihr Unternehmen auf Erfolgskurs bringen.

Selbst- und Fremdwahrnehmung

Stellen Sie sich vor, Sie sind auf einer Konferenz und halten eine Präsentation. Sie fühlen sich selbstsicher und denken, dass Ihre Argumente gut ankommen werden. Doch als Sie die Reaktionen des Publikums sehen, bemerken Sie, dass etwas nicht stimmt. Sie wirken aufgeregt, Ihre Gestikulation ist hektisch und Ihre Stimme zittert. Die Fremdwahrnehmung ist eine ganz andere als Ihre Selbstwahrnehmung. Das kann hinderlich für Ihre Karriere sein, wenn Sie nicht darauf achten.

Die Fremdwahrnehmung kann sowohl im privaten als auch im beruflichen Kontext von großer Bedeutung sein. Im Berufsleben kann sie insbesondere über Erfolg oder Misserfolg entscheiden. Wenn Sie beispielsweise eine Präsentation halten, können Sie durch Ihre Körpersprache und Rhetorik einen bleibenden Eindruck bei Ihrem Publikum hinterlassen. Wenn Sie jedoch unsicher oder unkonzentriert wirken, kann das Ihre Glaubwürdigkeit und Überzeugungskraft beeinträchtigen.

Deshalb ist es wichtig, sich bewusst zu sein, wie Sie auf andere wirken und wie Sie von anderen wahrgenommen werden. Eine Möglichkeit, dies zu verbessern, ist sich gezielt mit den Faktoren auseinanderzusetzen, die Ihre Fremdwahrnehmung beeinflussen können. Hierzu gehören nicht nur Ihre Körpersprache und Rhetorik, sondern auch Ihr Kleidungsstil, Ihre Schreibweise in E-Mails oder Ihre Interaktionen mit Kollegen.

Um ein besseres Verständnis dafür zu bekommen, wie Sie von anderen wahrgenommen werden, können Sie auch Feedback von anderen einholen. Dies kann Ihnen dabei helfen, blinde Flecken in Ihrem Verhalten zu erkennen und gezielt an diesen zu arbeiten.

Insgesamt gilt: Je besser Sie sich Ihrer eigenen Wirkung auf andere bewusst sind, desto erfolgreicher werden Sie im Beruf und im privaten Leben sein. Indem Sie gezielt an Ihren Fähigkeiten arbeiten und Feedback von anderen einholen, können Sie Ihre Fremdwahrnehmung verbessern, andere Menschen eher von Ihren Ideen überzeugen und somit zu einem selbstbewussteren und erfolgreichen Menschen werden.

Obwohl Sie möglicherweise selbstbewusst und ausgeglichen sind, kann die Art und Weise, wie andere Menschen Sie wahrnehmen, ganz anders sein. Es ist wichtig, auf die Fremdwahrnehmung zu achten, da dies sich auf Ihre Karriere auswirken kann. Sie sollten darüber nachdenken, wie Sie auf andere wirken, und bewährte Methoden wie Körpersprache, Rhetorik, Artikulation, Stil und Gestikulation anwenden. Wenn Sie beispielsweise eine starke Körpersprache haben, sollten Sie sich nicht zurückhalten. Das Johari-Fenster verdeutlicht, dass die Selbst- und Fremdwahrnehmung nicht immer übereinstimmen. Es gibt zahlreiche kognitive Verzerrungen, die unser Denken und Handeln beeinflussen. Ein Beispiel: Menschen tendieren dazu, ihre Selbsteinschätzung und Erinnerungen zu manipulieren, indem sie sich oft besser einschätzen und Erinnerungen geschönt darstellen. Das Vermarkten von sich selbst, insbesondere im beruflichen Kontext, kann dabei helfen, eine positive Fremdwahrnehmung aufzubauen und andere von den eigenen Ideen oder Produkten zu überzeugen. Es geht dabei darum, sich selbst und seine Fähigkeiten gut zu präsentieren und auf die Bedürfnisse und Interessen der Zielgruppe einzugehen. Eine erfolgreiche Selbstvermarktung kann somit auch zur Steigerung des beruflichen Erfolgs beitragen.

Kommunikation

Es war einmal ein Unternehmen, das ein neues Projekt startete. Der Projektleiter war sehr fokussiert auf die Erreichung der Ziele und hatte das Gefühl, dass jeder Schritt sorgfältig geplant und ausgeführt werden musste. Er informierte seine Teammitglieder nur über das Notwendigste und forderte von ihnen, dass sie die Anweisungen befolgten, ohne Fragen zu stellen. Es gab keine Zeit für Small Talk oder persönliche Gespräche.

Die Teammitglieder waren jedoch nicht zufrieden mit der Kommunikation des Projektleiters. Sie hatten das Gefühl, dass sie nicht genug Informationen bekamen, um ihre Arbeit effektiv ausführen zu können. Sie fühlten sich nicht gehört oder wertgeschätzt, da der Projektleiter ihre Meinungen und Vorschläge nicht einholte. Die Stimmung im Team war angespannt und es gab Missverständnisse und Fehler bei der Arbeit.

Eines Tages hatte der Projektleiter eine wichtige Präsentation vorzubereiten und war unter großem Druck. Er hatte jedoch vergessen, eine wichtige Deadline zu beachten und musste nun eine schlechte Nachricht an den Kunden übermitteln. In seiner Verzweiflung sendete er eine E-Mail an den Kunden, die nur wenige Informationen enthielt und sehr negativ klang.

Der Kunde war verärgert über die schlechte Kommunikation und die mangelnde Professionalität des Projektleiters. Er beschwerte sich bei der Geschäftsführung des Unternehmens und die Folgen waren gravierend: Das Projekt wurde gestoppt und der Projektleiter verlor seinen Job.

In einem anderen Unternehmen startete ebenfalls ein neues Projekt, aber hier wurde die Bedeutung der Kommunikation erkannt. Der Projektleiter hielt regelmäßige Meetings ab, bei denen alle Teammitglieder ihre Gedanken und Ideen einbringen konnten. Der Projektleiter hörte aufmerksam zu und stellte Fragen, um sicherzustellen, dass jeder verstanden hatte, was zu tun war.

Das Team fühlte sich gehört und respektiert und arbeitete hart, um das Projektziel zu erreichen. Als es zu Herausforderungen kam, wurde offen und ehrlich kommuniziert und gemeinsam nach

Lösungen gesucht. Als das Projekt abgeschlossen war, gab es eine erfolgreiche Präsentation und der Kunde war sehr zufrieden. Das Team fühlte sich stolz und erfüllt von ihrer Arbeit und die positive Stimmung trug auch zu einem besseren Arbeitsklima im Unternehmen bei.

Diese Geschichten zeigen, wie wichtig es ist, die richtige Kommunikation zu haben. Eine schlechte Kommunikation kann zu Missverständnissen, Fehlern und Konflikten führen, während eine positive und starke Kommunikation das Vertrauen und die Zusammenarbeit im Team fördern kann.

Im Berufsleben werden Soft Skills immer wichtiger, insbesondere die Kommunikationsstärke. Eine positive und starke Kommunikation ist für Controller und Unternehmen von großer Bedeutung, da hierdurch ein großer Mehrwert generiert werden kann. Durch dic richtige Kommunikation erhält man Informationen, die bei einer falschen Kommunikation nicht verfügbar wären, und man kann Menschen für seine Sache begeistern.

Sowohl bei E-Mails als auch bei Telefonaten sollte man mit einem einleitenden Satz beginnen, z.B. indem man seinen Gesprächspartner fragt, wie es ihm oder ihr geht oder kurz über die Themen berichtet, an denen man gerade arbeitet oder die man demnächst angehen wird. Auch ein Lächeln, das man selbst in einem Telefongespräch zeigt, kann die Stimmung auflockern und eine positive Wirkung haben. Wenn man über seinen letzten Urlaub spricht, sollte man ein, zwei Besonderheiten aufgreifen und darüber detailliert berichten, da Geschichten, die Spannung aufbauen und die Sinne und Gefühle ansprechen, besser in Erinnerung bleiben als reine Fakten. Bei der Vorstellung eines Projekts oder dem Versuch, Menschen für eine Idee zu gewinnen, ist es oft effektiver, nicht nur Fakten zu präsentieren, sondern auch auf die Sinne und Emotionen der Menschen einzugehen.

Man muss nicht über Privates sprechen, um das Vertrauen seines Gegenübers zu gewinnen, sondern kann dies durch Ehrlichkeit, Diskretion, Akzeptanz des Gesprächspartners und die richtige Kommunikation erreichen. Gemeinsamkeiten hervorzuheben und die

Bewegungen des Gegenübers nachzuahmen kann ebenfalls nützlich sein, sollte jedoch nicht auffallen. Auch das Betonen gemeinsamer Werte kann dazu beitragen, das Vertrauen einer Person zu gewinnen.

Wenn man einen Kollegen um Informationen bittet, sollte man proaktiv erklären, wofür man diese benötigt. Wenn man Menschen für seine Sache gewinnen möchte, ist es am besten, dies in eine Story zu verpacken, indem man einzelne Schwierigkeiten, Probleme, Kennzahlen und Vorgänge detaillierter beschreibt, anstatt nur oberflächlich über das Gesamtvorhaben zu sprechen. Man sollte die Vorteile, die sich aus der neuen Methode, Vorgehensweise oder Anwendung ergeben, zeigen.

Eine positive kommunikative Art kann dazu beitragen, dass man mehr Spaß bei der Arbeit hat, entspannter und erfolgreicher ist. Es ist wichtig, dass einem der Umgang mit Menschen Spaß macht, da man auf diese Weise für das Unternehmen einen größeren Mehrwert generieren kann als durch die alleinige Nutzung von Anwendungen im Backoffice. Durch eine professionelle Kommunikation erhält man mehr Informationen, wird beliebter und kann eher das

Vertrauen der Menschen gewinnen. Zur richtigen Kommunikation gehört auch das aktive Zuhören, indem man seinen Gesprächspartnern aktiv folgt und z.B. nickt oder nachfragt. Es lohnt sich, die richtige Kommunikation gezielt einzusetzen. Es ist wichtig, ehrlich zu sein und ein wirkliches Interesse an Ihrem Gegenüber zu zeigen. Andernfalls wird es durchschaut, wenn Sie unaufrichtig sind.

Empathisch sein

Als der junge Controller Max zum ersten Mal in der Firma anfing, war er voller Energie und Tatendrang. Er hatte sein Studium mit Bestnoten abgeschlossen und konnte es kaum erwarten, sein Wissen und Können in die Praxis umzusetzen. Doch als er in die Abteilung kam, wurde ihm schnell klar, dass es nicht nur um Zahlen und Daten ging, sondern vor allem um Menschen und Zusammenarbeit.

Max hatte Schwierigkeiten, sich in die bestehenden Arbeitsprozesse und Teamdynamiken einzufügen. Einige Kollegen schienen ihn von Anfang an als Bedrohung zu betrachten und ihm das Leben schwer zu machen. Er fühlte sich missverstanden und alleine in der neuen Umgebung.

Doch Max war kein Mensch, der so schnell aufgibt. Er beschloss, seine Empathie und sein Verständnis für die Situation seiner Kollegen einzusetzen. Er begann, sich mit jedem von ihnen einzeln zu unterhalten und sich für ihre

Arbeit und Erfahrungen zu interessieren. Er hörte aufmerksam zu und versuchte, ihre Bedenken und Ängste zu verstehen.

Mit der Zeit baute Max eine Vertrauensbasis auf und konnte mit seinen Kollegen offener über seine eigenen Anliegen sprechen. Er lernte, konstruktive Kritik zu äußern und Probleme anzusprechen, ohne dabei anzugreifen. Schließlich konnte er seine Expertise einbringen und Veränderungen im Unternehmen anstoßen, die von allen unterstützt wurden.

Heute ist Max ein geschätztes Mitglied des Teams und weiß, dass der Erfolg im Controlling nicht nur von Zahlen und Daten abhängt, sondern vor allem von guter Zusammenarbeit und Kommunikation.

In einem Unternehmen sind eine gute Zusammenarbeit und Kommunikation unerlässlich, insbesondere im Kontext des Controllings. Da Controlling eine wesentliche Rolle bei der Überwachung und Optimierung von Geschäftsprozessen spielt, ist es wichtig, dass der Controller in der Lage ist, auf eine positive und konstruktive Art und Weise mit Kollegen, Vorgesetzten und anderen Stakeholdern zu interagieren.

Ein wesentlicher Aspekt bei der Zusammenarbeit mit anderen Menschen ist Empathie. Als Controller muss man sich in die Lage anderer versetzen können, um ihre Bedürfnisse und Anliegen zu verstehen und adäquat darauf reagieren zu können. Dies ist insbesondere wichtig, wenn man neu in einem Unternehmen ist und Kollegen befürchten, dass der Controller ihre Arbeit in Frage stellen oder sogar ersetzen wird. In dieser Situation ist es wichtig, Verständnis für die Ängste und Unsicherheiten der Kollegen zu zeigen und trotzdem professionell und konstruktiv zu bleiben.

Als Controller ist es auch wichtig, offen und ehrlich mit anderen zu kommunizieren, selbst wenn man unbequeme oder schwierige Themen ansprechen muss. Probleme und Fehler müssen angesprochen werden, um Verbesserungen im

Unternehmen zu erreichen. In solchen Fällen kann es sein, dass nicht alle beteiligten Personen diese Veränderungen begrüßen werden, da sie Angst vor dem Unbekannten haben oder sich an die alten Strukturen gewöhnt haben. In solchen Fällen kann es hilfreich sein, die Bedenken der Betroffenen anzuhören, ihre Perspektive zu verstehen und sachlich zu erklären, warum Veränderungen notwendig sind und welche Vorteile sie haben werden.

Es ist auch wichtig, respektvoll und professionell zu bleiben, auch wenn man von anderen angegriffen oder unfair behandelt wird. Anstatt nachtragend oder defensiv zu reagieren, sollte man versuchen, eine positive und konstruktive Atmosphäre aufrechtzuerhalten, um eine effektive Zusammenarbeit zu gewährleisten. Wenn man echtes Interesse an anderen zeigt und Vertrauen aufbaut, kann man eine bessere Zusammenarbeit und ein erfolgreiches Controlling erreichen.

Netzwerken

Netzwerken ist ein wichtiger Faktor im Berufsleben, aber auch im privaten Umfeld. Eine Geschichte, die dies verdeutlicht, handelt von einem jungen Controller namens Paul. Paul hatte gerade sein Studium abgeschlossen und begann seine Karriere in einem großen Unternehmen. Er war ambitioniert und wollte sich schnell etablieren. Doch er merkte schnell, dass es nicht so einfach war, in der Firma Fuß zu fassen. Die Hierarchien waren sehr flach und es gab viele Mitarbeiter, die bereits seit Jahren im Unternehmen waren und gut vernetzt waren.

Paul beschloss, dass er etwas tun musste, um seine Karriere voranzutreiben. Er begann damit, sich mit seinen Kollegen zu vernetzen. Er ging auf Geburtstagsfeiern und Firmenveranstaltungen und unterhielt sich mit den Mitarbeitern. Er nutzte auch soziale Medien, um mit seinen Kollegen in Kontakt zu bleiben. Er fragte nach ihren Interessen und Hobbys und erfuhr so mehr über die Menschen, mit denen er arbeitete.

Durch sein Networking konnte Paul wertvolle Informationen über die neuesten Entwicklungen im Unternehmen erhalten. Er erfuhr auch von offenen Stellen, bevor diese öffentlich ausgeschrieben wurden. Als eine Position frei wurde, konnte er sich aufgrund seiner guten Beziehungen zu den Entscheidern direkt bewerben und bekam den Job. Durch seine Vernetzung konnte er auch einem ehemaligen Kommilitonen zu einem Praktikum in der Firma verhelfen und so sein Netzwerk erweitern.

Paul erkannte, dass Networking nicht nur beruflich, sondern auch persönlich von Vorteil war. Er traf auf Firmenveranstaltungen und Geburtstagsfeiern Menschen, mit denen er sich auch außerhalb der Arbeit gut verstand. So baute er nicht nur ein berufliches Netzwerk auf, sondern auch Freundschaften.

Durch sein aktives Netzwerken konnte Paul seine Karriere vorantreiben und hatte auch in schwierigen Zeiten immer jemanden, mit dem er sich austauschen konnte. Netzwerken half ihm dabei, sich zu vernetzen und zu wachsen, sowohl beruflich als auch persönlich.

In der modernen Arbeitswelt sind soziale Netzwerke, Job-Portale und flache Hierarchien wichtige Instrumente, um sich zu vernetzen und in Kontakt zu bleiben. Es lohnt sich, diese Möglichkeiten zu nutzen und sich aktiv zu vernetzen, denn die Vorteile liegen auf der Hand. Durch ein breites Netzwerk an Kontakten ergeben sich zahlreiche Chancen, beruflich voranzukommen und sich über Entwicklungen und Positionen auf dem Laufenden zu halten. Doch auch abseits des Berufslebens sind zwischenmenschliche Beziehungen wichtig und erfüllen ein menschliches Bedürfnis. Daher ist es ratsam, auch außerhalb des Arbeitsumfelds Kontakte zu pflegen und zu erweitern. Dabei gibt es viele Möglichkeiten. Es lohnt sich also, Zeit und Energie in den Aufbau und die Pflege eines Netzwerks zu investieren, um langfristig davon zu profitieren.

Schaffen Sie die richtigen Rahmenbedingungen

Sophie arbeitete seit vielen Jahren in einem großen Unternehmen. Ihr Arbeitsalltag war sehr abwechslungsreich, sie hatte viele Termine und Aufgaben zu erledigen und war oft unterwegs. Doch das änderte sich schlagartig, als die Corona-Pandemie ausbrach. Plötzlich musste sie von zuhause aus arbeiten und konnte nicht mehr zu Meetings und Events reisen. Auch die Zusammenarbeit mit ihren Kollegen gestaltete sich schwieriger, da sie nicht mehr einfach ins Büro gehen und mit ihnen sprechen konnte.

Sophie war zuerst skeptisch, ob sie im Homeoffice genauso produktiv arbeiten könne wie im Büro. Doch nach einigen Wochen gewöhnte sie sich daran und entdeckte sogar einige Vorteile: Sie konnte sich besser auf ihre Arbeit konzentrieren, da es zuhause weniger Ablenkungen gab, und sie sparte Zeit und Geld, da sie nicht mehr stundenlang im Berufsverkehr stecken musste.

Allerdings stellte sich auch heraus, dass es im Homeoffice einige Herausforderungen gab.

Sophie hatte Schwierigkeiten, Arbeit und Privatleben zu trennen. Zudem merkte sie, dass ihre technische Ausstattung nicht ausreichend war, um ihre Arbeit effektiv zu erledigen.

Sophie beschloss, etwas dagegen zu tun und begann, sich die nötigen Rahmenbedingungen für das Homeoffice zu schaffen. Sie richtete sich ein Arbeitszimmer ein und investierte in eine bessere technische Ausstattung. Zudem legte sie klare Arbeitszeiten fest und informierte ihre Familie darüber, dass sie während dieser Zeit nicht gestört werden möchte. Dadurch konnte sie sich besser auf ihre Arbeit konzentrieren und ihre Produktivität steigern.

Sophie erkannte, dass es im Homeoffice nicht nur auf ihre Disziplin und Motivation ankommt, sondern auch auf die richtigen Rahmenbedingungen und die passende technische Ausstattung. Sie war froh, dass sie sich diese Erkenntnis rechtzeitig angeeignet hatte und konnte so auch weiterhin im Homeoffice erfolgreich arbeiten.

Die Coronapandemie hat zweifellos zu einem beschleunigten Wandel der Arbeitswelt durch die Digitalisierung geführt. Insbesondere die Verbreitung von Videokonferenzen hat zu einem neuen Standard in der Geschäftswelt geführt, der es ermöglicht, dass Menschen aus verschiedenen Regionen schnell und einfach zusammenkommen können. Eine weitere Konsequenz der Digitalisierung ist die vermehrte Vermischung von Arbeits- und Privatleben, da sich das Homeoffice und mobiles Arbeiten in vielen Berufen etabliert haben. Der Arbeitsplatz ist heute flexibler geworden, da es vielen Menschen ermöglicht wird, von überall aus zu arbeiten, ohne an einen festen Arbeitsplatz gebunden zu sein. Es ist davon auszugehen, dass diese Veränderungen bestehen bleiben werden und Unternehmen sowie Arbeitnehmerinnen und Arbeitnehmer sich darauf einstellen werden.

Es ist daher wichtig, dass Sie sich als Arbeitnehmerin oder Arbeitnehmer die nötigen Rahmenbedingungen schaffen, um im Homeoffice optimal arbeiten zu können. Eine Trennung von Arbeit und Privatleben durch Routinen im Homeoffice und ein Arbeitszimmer sind dabei von Vorteil. Auch die technische Ausstattung sollte auf dem neuesten Stand sein, um reibungsloses Arbeiten zu ermöglichen. Ihr Arbeitgeber sollte Sie mit entsprechender Technik ausstatten. Falls das nicht möglich ist, sollten Sie selbst in eine gute technische Ausstattung investieren, um produktiv arbeiten zu können. Eine schlechte technische Ausstattung kann Ihre Motivation und Arbeitsqualität beeinträchtigen, was sich letztendlich auf Ihr Arbeitsergebnis auswirken kann. Niemand interessiert sich dafür, wie Sie zu einem Ergebnis kommen, sondern nur dafür, was Sie liefern. Deshalb ist es wichtig, dass Sie in eine gute technische Ausstattung investieren, um zufriedenstellende Arbeitsergebnisse zu erzielen.

Eine weitere Möglichkeit ist es, Ihren Arbeitgeber an den Kosten für die technische Ausstattung zu beteiligen oder bei Ihrer Steuererklärung Ausgaben für Arbeitsmittel geltend zu machen. Es ist wichtig, sich daran zu erinnern, dass Sie nicht in die technische Ausstattung und Arbeitsmaterialien für Ihren Arbeitgeber investieren, sondern für sich selbst und Ihr Wohlergehen.

Zeitmanagement

Marie ist eine junge Controllerin und seit kurzem in ihrem ersten Job tätig. Sie arbeitet in einem mittelständischen Unternehmen und ist für das Kostencontrolling verantwortlich. In ihrem Arbeitsalltag muss sie viele Aufgaben erledigen und häufig auch unvorhergesehene Herausforderungen meistern. Marie ist sich bewusst, dass sie ihr Zeitmanagement verbessern muss, um alle Anforderungen optimal zu erfüllen und sich nicht zu überlasten. Sie hat jedoch Schwierigkeiten damit, Prioritäten zu setzen und sich auf das Wesentliche zu konzentrieren. Daher beschließt sie, sich intensiver mit dem Thema Zeitmanagement zu befassen und nach geeigneten Methoden und Strategien zu suchen, die ihr helfen, ihre Zeit effektiv zu nutzen.

Haben Sie sich schon einmal dabei erwischt, dass Sie den Überblick über Ihre Aufgaben verlieren und Ihre Zeit nicht optimal nutzen? Wie Marie, der jungen Controllerin, kann es vielen

Berufsanfängern schwerfallen, Prioritäten zu setzen und unvorhergesehene Herausforderungen zu meistern. Doch mit einem effektiven Zeitmanagement lassen sich auch komplexe Aufgaben und Arbeitsabläufe bewältigen. Lassen Sie uns gemeinsam die verschiedenen Methoden und Strategien des Zeitmanagements im Kontext des Controllings genauer betrachten.

Zeitmanagement ist ein wesentlicher Bestandteil des Controllings, da es die Effizienz und Effektivität von Geschäftsprozessen beeinflusst. Es gibt verschiedene Ansätze und Methoden zum Thema Zeitmanagement, die sich auf die Planung und Organisation der Arbeitszeit, die Priorisierung von Aufgaben und die Vermeidung von Ablenkungen und Störungen konzentrieren.

Ein grundlegendes Konzept des Zeitmanagements ist das Pareto-Prinzip, auch als 80/20-Regel bekannt. Dieses besagt, dass 80% der Ergebnisse mit 20% des Aufwands erreicht werden können. Um dies zu erreichen, sollten Sie sich auf die wichtigsten Aktivitäten konzentrieren.

Eine weitere Methode des Zeitmanagements ist das Eisenhower-Prinzip, das sich auf die Unterscheidung zwischen wichtigen und dringenden Aufgaben konzentriert. Wichtige Aufgaben sind solche, die einen hohen Einfluss auf die langfristigen Ziele des Unternehmens haben, während dringende Aufgaben unmittelbar erledigt werden müssen. Durch die Priorisierung von Aufgaben nach diesem Prinzip können Controllerinnen und Controller ihre Zeit und Ressourcen effektiver nutzen.

Die ALPEN-Methode ist eine weitere gängige Methode des Zeitmanagements, die sich auf die Planung und Organisation der Arbeitszeit konzentriert. ALPEN steht für Aufgaben notieren, Länge schätzen, Pufferzeiten einplanen, Entscheidungen treffen und Nachkontrolle durchführen. Durch die Einhaltung dieser Schritte können Sie ihre Arbeitszeit besser planen und organisieren, Prioritäten setzen und unvorhergesehene Ereignisse berücksichtigen.

Eine effektive Zeitplanung und -organisation erfordert auch die Einrichtung von Zeitfenstern für regelmäßige Aktivitäten, Vorgänge und Projekte, um sicherzustellen, dass sie rechtzeitig abgeschlossen werden. Sie sollten auch sicherstellen, dass sie nicht durch Ablenkungen und Störungen von ihrer Arbeit abgehalten werden und dass sie Zeit für wichtige Aufgaben und Projekte reservieren.

Darüber hinaus ist es wichtig, dass Controllerinnen und Controller ihre Zeit für regelmäßige Schulungen und Fortbildungen nutzen, um ihre Fähigkeiten und Kenntnisse zu verbessern und auf dem neuesten Stand zu bleiben. Zeitmanagement sollte also nicht nur als Mittel zur Verbesserung der Effizienz betrachtet werden, sondern auch als Mittel zur persönlichen Entwicklung und Verbesserung. Die hier aufgeführten Methoden stellen nur eine kleine Auswahl dar. Es empfiehlt sich intensiver mit den unterschiedlichen Methoden auseinanderzusetzen.

Termine vorbereiten

Haben Sie schon einmal erlebt, wie hektisch es in einem Unternehmen zugehen kann? Wie schnell man den Überblick über seine Aufgaben verliert und wie schwer es ist, Prioritäten zu setzen? Marie, eine junge Controllerin, hat genau das erlebt. Sie hatte gerade erst ihre Ausbildung abgeschlossen und war nun Teil des Teams in einem mittelständischen Unternehmen. Marie war hoch motiviert und wollte alles richtig machen, aber schnell merkte sie, dass sie mit der Fülle an Terminen und Aufgaben überfordert war. Sie wusste nicht, wo sie anfangen sollte und verlor den Überblick über ihre Prioritäten.

Eines Tages stand ein wichtiger Termin mit der Geschäftsleitung an und Marie war nervös. Sie hatte das Gefühl, dass sie nicht genug Zeit hatte, um sich angemessen auf den Termin vorzubereiten. Sie war unsicher, welche Informationen wichtig waren und welche nicht. Marie erkannte, dass sie dringend ein besseres Zeitmanagement brauchte, um ihre Aufgaben effektiver zu erledigen und sich optimal auf wichtige Termine vorzubereiten.

Haben Sie sich schon einmal dabei erwischt, dass Sie ähnliche Herausforderungen wie Marie erleben? Wie Sie sehen können, ist eine gute Vorbereitung auf Termine im Controlling von entscheidender Bedeutung.
Es stellt sich die Frage: Wie können wir uns optimal auf Termine vorbereiten? Im folgenden Textabschnitt werden wir einige Möglichkeiten und Strategien vorstellen, die Ihnen helfen werden, Ihre Zeit und Ressourcen effektiv zu nutzen und einen erfolgreichen Termin zu gewährleisten. Ob es sich dabei um interne Meetings oder externe Geschäftstreffen handelt - mit den richtigen Vorbereitungen und Techniken werden Sie in der Lage sein, jede Herausforderung souverän zu meistern.
Egal um welche Art von Termin es sich handelt, es ist wichtig, dass der Controller bestens vorbereitet ist. Denn ein schlecht vorbereiteter Termin kann negative Auswirkungen auf die

wahrgenommene Kompetenz des Controllers haben.

Eine gute Vorbereitung auf einen Termin erfordert Zeit und Sorgfalt. Der Controller sollte sich im Vorfeld mit dem Termin auseinandersetzen und sich Gedanken darüber machen, was seine Erwartungen und Ziele für den Termin sind. Dazu gehört auch die Überprüfung der Prozesse und Zusammenhänge zum Thema sowie die Analyse der wirtschaftlichen Entwicklung der vergangenen Quartale oder Jahre. Der Controller sollte sich auch über die Treiber informieren, die das Ergebnis in eine bestimmte Richtung entwickelt haben oder entwickeln könnten.

Eine weitere Möglichkeit, um sich auf Termine vorzubereiten, ist es, im Vorfeld eine Agenda zu erstellen. Diese enthält eine Übersicht über die Themen, die während des Termins besprochen werden sollen, sowie eine zeitliche Planung. Eine Agenda kann dazu beitragen, dass das Meeting strukturiert verläuft und alle Punkte erfasst werden. Idealerweise sollte die Agenda im Voraus an die Teilnehmer des Meetings verschickt werden, um ihnen die Möglichkeit zu geben, sich darauf vorzubereiten und eigene Beiträge zu den Themen zu sammeln.

Es ist auch wichtig, dass der Controller seine Unterlagen im Vorfeld des Termins sorgfältig vorbereitet und z.B. Ausdrucke von Sachkonten sowie möglichen Fragen macht. Sie sollten Vorgänge verstehen und verständlich erklären können. Eine zweite Meinung von einem Kollegen kann ebenfalls helfen, Lücken in der Vorbereitung zu erkennen und zu schließen.

Wenn es sich um einen Termin mit Vorgesetzten oder der Geschäftsleitung handelt, ist es besonders wichtig, schnell und präzise über den Sachverhalt informieren zu können. Der Controller sollte sich auf Aussagen wie "Ich habe wenig Zeit, lassen Sie uns sofort zum Punkt kommen" vorbereiten und Inhalte auch visuell darstellen können, um Sachverhalte anschaulicher zu kommunizieren.

Eine gute Vorbereitung auf einen Termin kann dazu beitragen, dass der Controller besser wahrgenommen wird. Insgesamt sollten Controller jeden Termin und Vorgang ernst nehmen und sich intensiv darauf vorbereiten, um eine erfolgreiche Zusammenarbeit mit anderen Abteilungen und Geschäftspartnern zu gewährleisten.

Nachbereitung von Terminen

Stellen Sie sich vor, Sie haben ein wichtiges Geschäftstreffen mit potenziellen Kunden oder Geschäftspartnern vereinbart. Sie haben hart daran gearbeitet, um diesen Termin zu organisieren und wollen nun sicherstellen, dass alles reibungslos verläuft und Sie das Beste aus dieser Gelegenheit herausholen. Sie haben die perfekte Präsentation vorbereitet und sind bereit, Ihr Unternehmen in einem guten Licht darzustellen.

Das Treffen findet statt und Sie sind bereit, aber Sie merken schnell, dass Sie Probleme haben, alles zu behalten, was besprochen wird. Sie versuchen, so viele Notizen wie möglich zu machen, aber Sie haben das Gefühl, dass Sie wichtige Details vermissen. Als das Treffen vorbei ist, sind Sie unsicher, ob Sie alles verstanden haben und was als nächstes zu tun ist. Es kann schwierig sein, während eines geschäftigen Meetings alle Informationen aufzunehmen und sich später zu erinnern. Es ist jedoch von entscheidender Bedeutung, dass Sie sich auf wichtige Meetings vorbereiten und die Informationen effektiv nachbereiten, um sicherzustellen, dass Sie alle wichtigen Details verstanden haben und dass Sie auf dem Laufenden bleiben. In diesem Sinne gibt es einige bewährte Praktiken, die Ihnen helfen können, Termine besser nachzubearbeiten.

Eine Möglichkeit, um Termine effektiv nachzubereiten, besteht darin, sich während des Meetings möglichst viele Stichpunkte und Notizen zu machen. Dabei sollte man sich auf das Wesentliche konzentrieren und nicht versuchen, jedes Detail festzuhalten. Symbole und Icons wie zum Beispiel Pfeile können dabei helfen, den Zusammenhang zwischen verschiedenen Vorgängen zu verdeutlichen und Prozesse verständlich darzustellen.

Wenn man der Organisator des Meetings ist, sollte man am Ende des Termins die wichtigsten Punkte noch einmal zusammenfassen. Dabei geht es vor allem darum, sicherzustellen, dass alle Teilnehmer auf demselben Informationsstand sind und dass jeder die weiteren Aufgaben verstanden hat. Hierbei kann man auch überprüfen, ob man die eigenen Ziele, die an den Termin geknüpft waren, erreicht hat. Diese Zusammenfassung kann man mündlich durchführen und dann als E-Mail an die Teilnehmer versenden. In manchen Fällen kann es auch sinnvoll sein, die Zusammenfassung als Datei anzuhängen, damit die Teilnehmer jederzeit darauf zugreifen und für sich verändern können.

Als Teilnehmer eines Meetings kann man am Ende des Termins selbst eine Zusammenfassung der wichtigsten Punkte durchführen, falls der Organisator dies nicht getan hat. Dabei sollte man sich auf die Punkte konzentrieren, die einen selbst betreffen, und diese noch einmal klarstellen. Hierbei kann man zum Beispiel mit einem einleitenden Satz wie "Wenn ich noch mal kurz die Punkte zusammenfassen darf, die mich betreffen..." beginnen. Es ist wichtig, dass alle Teilnehmer auf demselben Informationsstand sind und dass eventuelle Missverständnisse ausgeräumt werden.

Nach dem Meeting sollte man die Stichpunkte und Notizen in vollständige Sätze umformulieren und gegebenenfalls ergänzen. Anschließend kann man sie einscannen und ablegen, um sie auch nach einer längeren Zeit noch abrufen zu können. Wenn es unterschiedliche Meinungen oder Missverständnisse gibt, kann man auf die eigenen Notizen zurückgreifen und diese als Grundlage für die Klärung von Fragen und Unklarheiten nutzen. Durch das Festhalten von Details zu einem Meeting verhindert man außerdem, dass wichtige Informationen im Laufe der Zeit verloren gehen.

Es ist außerdem wichtig, ausreichend Zeit zwischen zwei Terminen einzuplanen, um eine effektive Nachbereitung durchführen zu können. Ein Puffer zwischen zwei Terminen ermöglicht es, dass man in Ruhe die Notizen noch einmal überprüfen und gegebenenfalls ergänzen kann. Außerdem kann man sich Gedanken über das

Meeting und die weitere Vorgehensweise machen. Sollte es trotzdem zu Zeitkollisionen kommen, sollte man die übrigen Teilnehmer darüber informieren und darauf hinweisen, dass man das Meeting in z.B. zehn Minuten verlassen muss, um den nächsten Termin pünktlich wahrnehmen zu können.

Freiraum nehmen

Schauen wir uns zunächst die Entwicklung von Thomas an. Als Controller war Thomas schon seit Jahren ein wichtiger Bestandteil des Unternehmens. Er wusste, wie das Geschäft funktionierte, welche Zahlen wichtig waren und wie er das Unternehmen voranbringen konnte. Doch in letzter Zeit hatte er das Gefühl, dass er in seiner Arbeit gefangen war und dass er keine neuen Ideen mehr hatte, um das Unternehmen weiterzuentwickeln. Er wusste, dass er etwas ändern musste, um seine Perspektive zu erweitern und neue Möglichkeiten zu entdecken. Also beschloss er, sich aus dem Tagesgeschäft zurückzuziehen und sich gezielt Zeit zu nehmen, um über das Unternehmen und das Geschäft nachzudenken. Dabei setzte er auf verschiedene Strategien, wie zum Beispiel den Besuch von Konferenzen und Workshops, das Lesen von Fachliteratur und den Austausch mit Kollegen. Nach einigen Wochen der Reflexion hatte er plötzlich neue Ideen. Thomas hatte erkannt, dass es Zeit war, alte Denkmuster zu hinterfragen und neue Möglichkeiten zu entdecken, um einen Mehrwert für das Unternehmen und die Kunden zu schaffen.

Als Controller ist es wichtig, nicht nur im Tagesgeschäft gefangen zu sein, sondern auch den Blick über den Tellerrand hinaus zu richten. Dies erfordert Zeit und Freiraum, um sich Gedanken über das Unternehmen und das Geschäft zu machen. Indem Sie sich Zeit nehmen und sich aus dem Tagesgeschäft zurückziehen, können Sie sich auf strategische Fragestellungen konzentrieren und überlegen, wie Sie einen Mehrwert für Ihre Kunden schaffen können.

Indem Sie Ihre Gewohnheiten und Arbeitsweisen hinterfragen und gezielt neue Erfahrungen sammeln, können Sie Ihre Kreativität steigern und über den Tellerrand hinausblicken. Hier sind einige Tipps:

1. Ändern Sie Ihre Arbeitsumgebung: Ein Wechsel der Umgebung kann oft helfen,

neue Perspektiven und Ideen zu entdecken. Versuchen Sie, an einem anderen Ort zu arbeiten, zum Beispiel in einem Café, im Park oder in einem Coworking Space.

2. Sprechen Sie mit anderen Menschen: Tauschen Sie sich mit Kollegen oder anderen Fachleuten aus und hören Sie deren Meinungen und Perspektiven. Eine offene Diskussion kann neue Ideen und Lösungsansätze hervorbringen.

3. Lesen Sie Fachliteratur: Verfolgen Sie aktuelle Entwicklungen und Trends in Ihrer Branche und lesen Sie Fachliteratur. Dadurch können Sie Ihre Kenntnisse erweitern und neue Impulse erhalten.

4. Besuchen Sie Konferenzen und Workshops: Konferenzen und Workshops bieten die Möglichkeit, sich mit anderen Experten auszutauschen und neue Ideen zu entdecken. Nutzen Sie diese Gelegenheiten, um neue Perspektiven und Lösungsansätze zu

sammeln.

5. Probieren Sie neue Arbeitsmethoden aus: Versuchen Sie, neue Arbeitsmethoden oder Tools auszuprobieren, um neue Wege zu finden, um Ihre Arbeit zu erledigen und Herausforderungen zu bewältigen.

6. Betrachten Sie Ihr Unternehmen aus verschiedenen Perspektiven: Versuchen Sie, Ihr Unternehmen aus verschiedenen Blickwinkeln zu betrachten, zum Beispiel aus Kundensicht oder aus Sicht Ihrer Konkurrenten. Dadurch können Sie neue Ideen und Lösungsansätze entdecken.

7. Besuchen Sie andere Branchen oder Länder: Der Besuch anderer Branchen oder Länder kann oft neue Perspektiven eröffnen und dazu beitragen, dass Sie über den Tellerrand hinausschauen und neue Ideen sammeln.

Sie sollten sich Gedanken über das Kerngeschäft machen und sich die Frage stellen, wie Sie das

Unternehmen weiterentwickeln können. Überlegen Sie, ob es sinnvoll ist, neue Geschäftsfelder zu erschließen oder das bestehende Geschäft auszubauen. Betrachten Sie das Unternehmen aus verschiedenen Perspektiven und denken Sie darüber nach, wie Sie den Kunden einen zusätzlichen Mehrwert bieten können.

Wenn Sie beispielsweise für einen Verkehrsbetrieb arbeiten, können Sie darüber nachdenken, ob es sinnvoll ist, alternative Mobilitätskonzepte wie Sammeltaxis oder Rufbusse einzuführen, um Kosten zu sparen, die Umwelt zu schonen und den Kunden einen besseren Service zu bieten. Wenn Sie für eine Werft arbeiten, können Sie überlegen, wie Sie Ihr Unternehmen als Metallunternehmen betrachten und andere Möglichkeiten zur Umsatzgenerierung finden, wie zum Beispiel die Lieferung von Komponenten für Großprojekte wie Brücken.

Machen Sie sich immer wieder Gedanken über Ihr Geschäft und alle Faktoren, die damit zu tun haben. Durch das kritische Hinterfragen etablierter Denkmuster und das Erkunden innovativer Möglichkeiten kann ein Unternehmen seine Wettbewerbsfähigkeit steigern und sich kontinuierlich weiterentwickeln.

Kontrolle

Julia arbeitete als Controllerin in einem mittelständischen Unternehmen und hatte gerade ihre erste große Aufgabe bekommen: das Erstellen des Quartalsberichts. Sie hatte alle Zahlen und Daten sorgfältig in ERP- und Tabellenkalkulationsprogrammen eingetragen und war stolz auf ihre Arbeit. Doch bevor sie den Bericht abschickte, fiel ihr das Sprichwort „Vertrauen ist gut, Kontrolle ist besser" ein. Sie beschloss, die Daten noch einmal genau zu überprüfen, um sicherzugehen, dass alles stimmt. Dabei fielen ihr einige Unstimmigkeiten auf: Einige Zahlen schienen nicht zu passen und es gab größere Abweichungen als erwartet. Sie wusste, dass sie diese Unstimmigkeiten nicht ignorieren durfte und begann, systematisch zu analysieren, woher die Abweichungen kamen. Sie stellte fest, dass einige Buchungen fehlerhaft waren und korrigierte diese. Nachdem sie alles überprüft hatte, konnte sie den Bericht abschicken und war erleichtert, dass sie die

Fehler rechtzeitig gefunden hatte. Sie hatte gelernt, dass Kontrolle und Plausibilitätschecks unerlässlich sind, um zuverlässige Arbeitsergebnisse zu liefern und den Ruf als zuverlässige Controllerin zu wahren.

Als Controller sind Sie dafür verantwortlich, Analysen durchzuführen und Berichte zu erstellen, um Entscheidungsträger zu unterstützen, das Unternehmen auf Kurs zu halten. Um sicherzustellen, dass Ihre Arbeitsergebnisse korrekt sind und den Erwartungen entsprechen, sollten Sie stets eine gründliche Kontrolle durchführen. Vertrauen ist gut, Kontrolle ist besser - das bekannte Sprichwort gilt auch im Controlling.

Bevor Sie Ihre Arbeitsergebnisse abschließen, sollten Sie unbedingt einen Plausibilitätscheck durchführen. Nehmen Sie sich Zeit, um den Vorgang abzuschließen und überprüfen Sie anschließend in Ruhe, ob die Aussagen in Ihren Unterlagen schlüssig sind und stimmen. Wenn Sie Veränderungen zur letzten Auswertung, wie beispielsweise im Monats- oder Quartalsreporting, überprüfen, sollten Sie sich auf Positionen konzentrieren, bei denen es zu größeren Abweichungen gekommen ist. Diese sollten Sie genauer unter die Lupe nehmen und Veränderungen im Bereich Umsatz, Aufwendungen und Ergebnis überprüfen. Dabei ist es wichtig, auch den Gesamtbezug im Auge zu behalten. Wenn Ihre Hochrechnung ergibt, dass die Umsatzerlöse rückläufig zur letzten Hochrechnung sind, die Kosten aber im gleichen Betrachtungszeitraum steigen, müssen Sie das genauestens analysieren und überprüfen, ob Buchungen falsch gelaufen oder andere Fehler enthalten sind.

Um sicherzustellen, dass Formeln, wie Summenberechnungen, auch bei Veränderungen im Tabellenkalkulationsprogramm immer noch auf die richtigen Zellen bezogen sind, empfiehlt es sich, eine Kontrollsumme ohne Formelbezug einzubauen. Dies hilft Ihnen, Fehler schnell zu erkennen und zu korrigieren. Als Berufseinsteiger können Sie auch erfahrene

Kollegen bitten, Ihre Arbeitsergebnisse zu überprüfen. So können Sie sicherstellen, dass Ihre Ergebnisse korrekt sind und keine falschen Zahlen oder Schlüsse kommuniziert werden.

Es ist wichtig, dass Sie bei Ihrer Arbeit keine Angriffsflächen bieten und sich auf verlässliche Arbeitsergebnisse konzentrieren. Ihre Kollegen und das Unternehmen sollten sich auf Sie und Ihre Arbeitsergebnisse verlassen können. Vermeiden Sie es, falsche Zahlen oder Schlüsse zu ziehen, um Ihren Ruf nicht zu verspielen. Eine gründliche Kontrolle kann Ihnen dabei helfen, die Qualität Ihrer Arbeitsergebnisse zu verbessern und das Vertrauen Ihrer Kollegen und des Unternehmens in Sie zu stärken.

Gelerntes in Erinnerung bringen

Emilia war erleichtert, als sie endlich ihr Studium der Betriebswirtschaftslehre abgeschlossen hatte. Doch schon bald wurde ihr bewusst, dass das Lernen noch lange nicht vorbei war. Als frisch gebackene Controllerin in einem großen Unternehmen musste sie ihr theoretisches Wissen in die Praxis umsetzen und einen Mehrwert für das Unternehmen generieren.

Emilia war zunächst begeistert von den vielen digitalen Tools und Programmen, die ihr bei der Arbeit zur Verfügung standen. Doch sie bemerkte auch, dass sie dabei Gefahr lief, weniger genutztes Wissen aus dem Studium zu vergessen. Besonders komplexe Modelle und Formeln gerieten schnell in Vergessenheit, wenn sie sie nicht regelmäßig anwendete.

Emilia beschloss, diesem Problem entgegenzuwirken, indem sie sich regelmäßig Schlagwörter aus dem Studium in Erinnerung rief. Sie erstellte digitale Ordner zu Themen wie der Ansoff-Matrix, der BCG-Matrix oder der Branchenstrukturanalyse und schaute sich immer wieder kurze Stichwörter und Grafiken dazu an. Dadurch konnte sie das Gelernte schnell wieder in Erinnerung rufen und besser auf neue Situationen anwenden.

Emilias Kollegen bemerkten bald, dass sie dank ihres regelmäßigen Auffrischens des Wissens immer auf dem aktuellen Stand war und sich aktiv an Diskussionen beteiligen konnte. Sie konnte komplexe Probleme ganzheitlich betrachten und durch ihre breite Wissensbasis unterschiedliche Lösungsansätze generieren.

Emilia erkannte schnell, dass das Auffrischen des Wissens nicht nur ihr persönlich half, sondern auch einen Mehrwert für das Unternehmen schaffte. Sie konnte ihre Arbeit effizienter und besser erledigen und trug so dazu bei, dass das Unternehmen erfolgreicher wurde.

Nach dem Studium stehen viele Absolventen vor der Herausforderung, das Gelernte in die Praxis umzusetzen. Im Arbeitsleben geht es darum, einen Mehrwert für das Unternehmen zu schaffen und effizient zu arbeiten. Dabei werden in den meisten Fällen digitale Tools wie Vorlagen, Tabellenkalkulationsprogramme und ERP-Programme verwendet. Diese Tools sind effizienter als manuelle Berechnungen, führen aber oft dazu, dass weniger genutztes Wissen aus dem Studium mit der Zeit vergessen wird.

Als Controller ist es jedoch wichtig, immer auf dem aktuellen Stand zu sein und das theoretische Wissen in der Praxis anwenden zu können. Daher empfiehlt es sich, sich regelmäßig Schlagwörter aus dem Studium in Erinnerung zu bringen. Dies kann durch das Erstellen von digitalen Ordnern zu einzelnen Schlagwörtern wie zum Beispiel Ansoff-Matrix, BCG-Matrix oder Branchenstrukturanalyse usw. geschehen. Dabei reicht es oft aus, sich kurz ein Bild zu einem Thema anzuschauen oder kurze Stichwörter dazu zu lesen.

Dies hat den praktischen Vorteil, dass man Vorgänge im Arbeitsalltag mit Schlagwörtern verbinden und dadurch unterschiedliche

Lösungsansätze generieren kann. So können komplexe Probleme ganzheitlicher betrachtet und besser gelöst werden. Zusätzlich kann man besser an Gesprächen teilnehmen, wenn Fachbegriffe und Schlagwörter verwendet werden.

Es ist auch wichtig zu bedenken, dass das eigene Wissen mit Fragen getestet werden kann. Daher sollten Fragen zu Standardvorgängen und Standardwissen problemlos beantwortet werden können. Durch das regelmäßige Auffrischen und Erweitern des Wissens können Controller sicherstellen, dass sie immer auf dem aktuellen Stand sind und einen Mehrwert für das Unternehmen schaffen.

Informationen als wertvolle Quelle

Anna ist seit einigen Monaten als Controllerin in einem mittelständischen Unternehmen tätig. Sie hat ihr Studium mit Bestnoten abgeschlossen und war voller Elan und Tatendrang, als sie ihre Stelle angetreten hat. Doch schnell musste sie feststellen, dass sie oft nicht ausreichend informiert wird und Entscheidungen ohne ihr Wissen getroffen werden. Das führte dazu, dass sie oft in schwierigen Situationen war und nicht den gewünschten Mehrwert für das Unternehmen schaffen konnte.

Anna beschloss, aktiv zu werden und sprach mit ihren Kollegen und Vorgesetzten darüber, dass sie frühzeitiger und umfassender informiert werden möchte. Sie erklärte, dass sie als Controllerin nur dann einen Mehrwert für das Unternehmen schaffen könne, wenn sie über alle wichtigen Informationen und Entwicklungen im Unternehmen Bescheid wisse. Nach einigen Gesprächen konnte sie erreichen, dass sie in die

Planungen und Entscheidungsprozesse besser eingebunden wurde und dadurch ihre Arbeit effektiver gestalten konnte.

Durch diese Erfahrung erkannte Anna die Bedeutung von Informationen und dass sie als Controllerin immer up-to-date sein muss, um einen Mehrwert für das Unternehmen schaffen zu können. Sie abonnierte Fachzeitschriften und Newsletter, um sich täglich über politische, wirtschaftliche und gesellschaftliche Entwicklungen sowie Trends in ihrer Branche und Region auf dem Laufenden zu halten und besuchte regelmäßig Messen. Anna erkannte, dass es wichtig ist, ein Gespür für den Zeitgeist zu entwickeln und auf Gamechanger frühzeitig zu reagieren, um das Unternehmen noch konkurrenzfähiger zu machen. So konnte sie ihre Aufgabe als Businesspartnerin erfüllen und zur Entlastung und Unterstützung der Geschäftsführung beitragen.

Als Controller spielt die Informationsbeschaffung und -verarbeitung eine entscheidende Rolle für Ihren Erfolg. Ohne ausreichende Kenntnis über die internen Prozesse und Entscheidungsstrukturen sind Sie nicht in der Lage, effektiv zu arbeiten und einen Mehrwert für Ihr Unternehmen zu schaffen. Aus diesem Grund sollten Sie aktiv darauf achten, dass Sie frühzeitig und umfassend informiert werden.

Dabei ist es wichtig, nicht nur interne Informationen im Blick zu haben, sondern auch externe Faktoren zu berücksichtigen. Politische, wirtschaftliche und gesellschaftliche Entwicklungen können einen erheblichen Einfluss auf Ihr Unternehmen haben und sollten daher von Ihnen aufmerksam verfolgt werden. Auch Trends und Innovationen in Ihrer Branche sollten Sie im Blick behalten, um mögliche Chancen und Risiken frühzeitig zu erkennen.

Die Informationsbeschaffung kann dabei auf unterschiedliche Weise erfolgen. Eine Möglichkeit ist die Anmeldung für Newsletter oder der Bezug von Fachzeitschriften, die Ihnen regelmäßig aktuelle Entwicklungen liefern. Ein weiterer wichtiger Aspekt ist der Austausch mit Kollegen und Vorgesetzten. Durch eine offene Kommunikation können wichtige Informationen schnell und gezielt ausgetauscht werden, was Ihnen eine bessere Einbindung in die Prozesse ermöglicht.

Ähnlich wie bei Controllern gilt auch für andere Berufsfelder, dass die Informationsbeschaffung und -verarbeitung eine zentrale Rolle für den Erfolg spielt. Beispielsweise müssen auch Marketing-Experten über Trends und Entwicklungen in ihrer Branche informiert sein, um erfolgreich Kampagnen zu planen und umzusetzen. Auch im Bereich des Risikomanagements ist eine umfassende Informationsbeschaffung und -verarbeitung entscheidend, um Risiken frühzeitig zu erkennen und zu minimieren.

Die Informationsbeschaffung und -verarbeitung stellt eine wertvolle Quelle für Ihren beruflichen Erfolg dar. Durch eine gezielte Auseinandersetzung mit relevanten Informationen können Sie frühzeitig Chancen erkennen und Risiken minimieren. Zudem sind Sie durch ein umfassendes Wissen über interne Prozesse und externe Faktoren in der Lage, wertvolle Entscheidungsgrundlagen zu schaffen und Ihren Beitrag zum Erfolg des Unternehmens zu leisten.

Merke: Ein Controller kann nur so gut sein, wie er in die betrieblichen Abläufe eingebunden ist und über alle relevanten Informationen verfügt.

Prozesse in Unternehmen

Als Neuling im Unternehmen hatte sich Johanna vorgenommen, schnellstmöglich die Prozesse und Abläufe zu verstehen. Sie hatte zuvor in einem anderen Unternehmen gearbeitet und wusste, dass sich die Abläufe und Strukturen von Unternehmen zu Unternehmen unterscheiden können. Als Controllerin war es von besonderer Bedeutung, ein tiefgehendes Verständnis für die Zusammenhänge der Wertschöpfungskette und die wechselseitigen Beziehungen zwischen den verschiedenen Abteilungen zu erlangen. Sie begann damit, Fragen an Kollegen aus verschiedenen Abteilungen zu stellen und sich in Meetings aktiv zu beteiligen. Manchmal fühlten sich einige Kollegen von ihren vielen Fragen gestört, aber Johanna erklärte immer, dass sie die Zusammenhänge und Abläufe besser verstehen und effektiver arbeiten möchte. Im Laufe der Zeit konnte sie sich ein umfassendes Verständnis der Prozesse und Abläufe aneignen und begann, Verbesserungsvorschläge zu machen, um die

Effizienz des Unternehmens zu steigern. Dadurch trug sie nicht nur zum Erfolg des Unternehmens bei, sondern auch zu ihrer eigenen Karriereentwicklung.

In jedem Unternehmen gibt es spezifische Prozesse und Abläufe, die für einen reibungslosen Betrieb unerlässlich sind. Als Mitarbeiter, insbesondere als Controller, ist es wichtig, diese Prozesse zu verstehen und zu verinnerlichen. Dies kann durch Beobachtung und das Stellen von Fragen an Kollegen aus verschiedenen Abteilungen erreicht werden. Beim Einstieg in ein neues Unternehmen sollten Sie sich bewusst sein, dass sich die Abläufe von Ihrem vorherigen Job unterscheiden können. Um diese schnell zu erlernen, sollten Sie aufmerksam sein und Fragen stellen. Als Controller ist es Ihre Aufgabe, eine Vielzahl von Informationen zu sammeln und zu verarbeiten, um ein umfassendes Verständnis für die wirtschaftliche und kulturelle Lage des Unternehmens zu entwickeln. Dazu müssen Sie die richtigen

Fragen stellen und die entsprechenden Informationen von Geschäftsführung, Abteilungsleitung und Kollegen erhalten. Sie sollten erklären, dass dies notwendig ist, um den Vorgang oder die Aufgabe richtig zu verstehen und zu bearbeiten. Es ist auch wichtig, empathisch zu sein und mit Feingefühl vorzugehen, um eine gute Arbeitsbeziehung aufzubauen. Langfristig gesehen, wird eine gute Zusammenarbeit und ein umfassendes Verständnis der Prozesse und Abläufe dazu beitragen, dass Ihre Arbeitsergebnisse positiv beeinflusst werden und Sie erfolgreich in Ihrem Job sind.

Darüber hinaus kann das Verstehen der Prozesse und Abläufe in einem Unternehmen auch zur Verbesserung und Optimierung dieser beitragen. Als Controller haben Sie einen Einblick in viele Bereiche des Unternehmens und können Schwachstellen und Verbesserungspotenziale identifizieren.

Wenn Sie beispielsweise bemerken, dass ein bestimmter Prozess ineffizient ist, können Sie

Vorschläge für Verbesserungen einbringen. Dies zeigt nicht nur Ihr Engagement und Ihre Initiative, sondern kann auch dazu beitragen, dass das Unternehmen insgesamt effizienter, effektiver und erfolgreicher wird.

Zusätzlich ist es wichtig, dass Sie nicht nur die internen Prozesse und Abläufe verstehen, sondern auch die externe Umgebung des Unternehmens. Dies kann das Verständnis für die Marktbedingungen, die Konkurrenz und die Kundenbedürfnisse umfassen. Nur mit einem umfassenden Verständnis für alle Aspekte des Unternehmens und der Branche, in der Sie tätig sind, können Sie fundierte Entscheidungen treffen/vorbereiten und erfolgreich sein.

Die Dokumentation von Prozessen und Abläufen ist ein weiterer wichtiger Aspekt. Durch die Erstellung von Prozessbeschreibungen und -anweisungen können Missverständnisse und Fehler vermieden werden. Darüber hinaus kann die Dokumentation dazu beitragen, Verbesserungspotenziale aufzudecken und die Arbeitseffizienz zu steigern. Auch neue

Mitarbeiter können schneller und effektiver eingearbeitet werden, wenn die Prozesse klar dokumentiert und nachvollziehbar sind.

Für eine erfolgreiche Karriere als Controller ist es unerlässlich, die Prozesse und Abläufe in einem Unternehmen zu verstehen. Indem Sie Fragen stellen und sich mit den internen Prozessen und der externen Umgebung vertraut machen, können Sie einen Mehrwert für Ihr Unternehmen schaffen und zum Erfolg des Unternehmens beitragen.

Kontinuierlicher Verbesserungsprozess

Max der in einem großen Unternehmen arbeitete war ein erfahrener Mitarbeiter, der in seiner Arbeit immer bestrebt war, die Dinge besser zu machen. Er hatte bereits einige Ideen zur Verbesserung der Arbeitsprozesse, aber er fand es schwierig, seine Vorschläge an seine Vorgesetzten zu kommunizieren.

Eines Tages nahm Max an einem Workshop zum Thema "Kontinuierlicher Verbesserungsprozess" teil. Max war von diesem Konzept fasziniert und beschloss, seine Ideen nun intensiver zu verfolgen. Er setzte sich mit seinem Teamleiter zusammen und erläuterte seine Vorschläge. Zusammen mit seinem Team entwickelten sie einen Plan zur Umsetzung der Ideen.

Max führte nun regelmäßige Treffen mit seinem Team durch, um den Fortschritt des Projekts zu überwachen und mögliche Probleme zu besprechen. Sie fanden schnell heraus, dass einige der Vorschläge nicht so einfach umzusetzen waren, wie sie ursprünglich dachten. Doch statt aufzugeben, suchten sie nach Lösungen, um diese Herausforderungen zu meistern.

Schließlich konnten sie ihre Ideen in die Tat umsetzen und verbesserten dadurch die Arbeitsprozesse und -effizienz erheblich. Die Mitarbeiter waren nun motivierter und die Produktivität des Unternehmens stieg deutlich an.

Max erkannte, dass kontinuierliche Verbesserungsprozesse nicht nur für Unternehmen von Vorteil sind, sondern auch für die persönliche Entwicklung. Er begann, seine Denkweise und Arbeitsweise zu verändern, indem er ständig nach Möglichkeiten zur Verbesserung suchte ohne sich unter Druck zu setzen.

Durch seine engagierte Haltung und sein Durchhaltevermögen inspirierte Max auch seine Kollegen, sich für kontinuierliche Verbesserungen einzusetzen. Die Firma entwickelte sich zu einem Vorreiter in Sachen kontinuierlicher Verbesserungsprozess und wurde zu einem erfolgreichen Unternehmen, das regelmäßig Auszeichnungen für seine innovativen Arbeitsprozesse erhielt.

Die Geschichte von Max zeigt, dass kontinuierliche Verbesserungsprozesse dazu beitragen können, eine positive Veränderung im Arbeitsumfeld und im Leben eines Einzelnen zu bewirken. Es geht darum, kontinuierlich nach Verbesserungen zu suchen und die nötigen Schritte zu unternehmen, um diese auch umzusetzen.

Ein kontinuierlicher Verbesserungsprozess ist für jedes Unternehmen von zentraler Bedeutung, um langfristig am Markt bestehen zu können. Dabei geht es nicht nur um die Teilnahme an Arbeitskreisen, sondern vielmehr um eine Denkweise, die in den Alltag integriert werden kann. Indem Sie offen für Neuerungen sind und unkonventionell denken, können Sie Verbesserungen in Ihrem Unternehmen vorantreiben.

Kleine Veränderungen können oft große

Auswirkungen haben. Es ist wichtig, dass Verbesserungen stetig und in kleinen Schritten erfolgen. Dabei sollten Sie die bisherige Vorgehensweise nicht als gottgegeben betrachten, sondern offen für Optimierungen sein. Überlegen Sie, welche Vorgänge Sie eliminieren, automatisieren oder verschlanken können, um Zeit zu sparen und Fehler zu minimieren.

Manuelle Vorgänge stellen oft potenzielle Fehlerquellen dar und sind zudem zeitaufwendig. Versuchen Sie daher, diese Vorgänge so gut wie möglich zu eliminieren oder zu automatisieren. Hierbei können Sie auf Vorlagen oder andere Werkzeuge zurückgreifen, um Zeit zu sparen und die Effizienz zu steigern. Falls es keine passenden Werkzeuge oder Vorlagen in Ihrem Unternehmen gibt, suchen Sie im Internet nach Arbeitsmaterialien, die Ihnen weiterhelfen können.

Ein weiterer wichtiger Faktor im kontinuierlichen Verbesserungsprozess ist das Feedback von Kunden und Mitarbeitern. Sie können wertvolle Einsichten in die Schwachstellen und Potenziale Ihres Unternehmens liefern. Nutzen Sie daher regelmäßig Feedback-Schleifen, um Ihre Arbeitsprozesse und Produkte zu verbessern. Hierbei können Sie auch auf Tools wie Umfragen, Interviews oder Fokusgruppen zurückgreifen, um gezielt Feedback zu erhalten.

Ein weiterer wichtiger Aspekt ist die Schulung der Mitarbeiter. Nur wenn Ihre Mitarbeiter über das notwendige Wissen und die Fähigkeiten verfügen, können sie auch zu einer kontinuierlichen Verbesserung beitragen. Stellen Sie daher sicher, dass Ihre Mitarbeiter und Sie regelmäßig geschult werden, um ihre Fähigkeiten zu verbessern und auf dem neuesten Stand zu bleiben.

Auch die Zusammenarbeit zwischen den Abteilungen kann zur Verbesserung von Arbeitsprozessen beitragen. Eine offene Kommunikation und Zusammenarbeit zwischen den Abteilungen können dazu beitragen, Synergien zu nutzen und Prozesse effizienter zu gestalten. Stellen Sie sicher, dass die Abteilungen miteinander kommunizieren und sich gegenseitig unterstützen, um gemeinsame Ziele zu erreichen.

Neben der Verbesserung der internen Prozesse ist es auch wichtig, den Blick nach außen zu richten und Trends und Entwicklungen im Markt zu verfolgen. Nur wenn Sie über die aktuellen Entwicklungen informiert sind, können Sie rechtzeitig auf Veränderungen reagieren und Ihre Produkte und Dienstleistungen entsprechend anpassen. Nutzen Sie daher regelmäßig Marktanalysen und beobachten Sie die Konkurrenz, um auf dem neuesten Stand zu bleiben.

Zusammenfassend kann gesagt werden, dass der kontinuierliche Verbesserungsprozess eine wichtige Denkweise im Unternehmen ist, um langfristig erfolgreich zu sein. Hierbei sollten Mitarbeiter geschult, Feedback eingeholt und die Zusammenarbeit zwischen den Abteilungen gefördert werden. Zudem ist es wichtig, den Blick nach außen zu richten und den Markt im

Auge zu behalten, um rechtzeitig auf Veränderungen reagieren zu können.

Ein wichtiger Faktor für den Erfolg eines kontinuierlichen Verbesserungsprozesses ist die Implementierung einer positiven Unternehmenskultur, einer positiven Denkweise. Eine Unternehmenskultur, die Veränderungen und Innovationen fördert, kann dazu beitragen, dass Mitarbeiter offener für neue Ideen und Verfahren sind. Dies kann wiederum dazu führen, dass Verbesserungen schneller und effektiver umgesetzt werden können. Hierfür ist es wichtig, dass die Mitarbeiter über die Vorteile und Ziele des kontinuierlichen Verbesserungsprozesses und der anstehenden Änderung informiert und geschult werden. Schulungen können den Mitarbeitern helfen, die Ziele und Methoden des Verbesserungsprozesses zu verstehen und sie in die Lage versetzen, aktiv an der Umsetzung von Verbesserungen mitzuarbeiten.

Eine positive Fehlerkultur ist ebenfalls von entscheidender Bedeutung für den kontinuierlichen Verbesserungsprozess. Es ist wichtig, dass Mitarbeiter keine Angst vor Fehlern haben, sondern sie als Chance zur Verbesserung betrachten. Eine offene und positive Fehlerkultur kann dazu beitragen, dass Mitarbeiter proaktiv nach Verbesserungsmöglichkeiten suchen und neue Ideen und Verfahren ausprobieren. Mitarbeiter sollten dazu ermutigt werden, ihre Fehler offen zu kommunizieren, damit das gesamte Team daraus lernen kann. In diesem Zusammenhang ist es auch wichtig, dass die Zusammenarbeit zwischen den Abteilungen gefördert wird. Eine enge Zusammenarbeit zwischen den Abteilungen kann dazu beitragen, dass Prozesse nahtlos ineinandergreifen und Verbesserungen schneller umgesetzt werden können.

Insgesamt ist eine positive Unternehmenskultur, die Schulung der Mitarbeiter und eine positive Fehlerkultur entscheidend für einen erfolgreichen kontinuierlichen Verbesserungsprozess. Durch die Implementierung dieser Faktoren können

Unternehmen ihre Effizienz steigern, die Qualität ihrer Produkte und Dienstleistungen verbessern und ihre Wettbewerbsfähigkeit langfristig sichern.

Bleiben Sie in Bewegung

Lena war eine junge Absolventin eines Wirtschaftsstudiums und hatte vor kurzem ihren ersten Job bei einem Unternehmen in der IT-Branche angetreten. Sie war hochmotiviert und voller Energie, um ihre Fähigkeiten und ihr Wissen in die Praxis umzusetzen. Sie hatte während ihres Studiums viel über agile Methoden, kontinuierliche Verbesserungsprozesse und die Bedeutung des lebenslangen Lernens gelernt. Sie wusste, dass der Markt schnelllebig war und dass sie ständig neue Fähigkeiten erwerben musste, um wettbewerbsfähig zu bleiben. Sie war bereit, ihre Karriere aktiv zu gestalten und war sich bewusst, dass sie sich kontinuierlich weiterbilden musste, um erfolgreich zu sein.

In ihrem neuen Job erkannte Lena schnell, dass sie aufgrund der schnellen Entwicklungen in der IT-Branche und der ständigen Veränderungen in der Unternehmenslandschaft ihre Kenntnisse und Fähigkeiten kontinuierlich erweitern musste. Sie war bereit, diese Herausforderungen anzunehmen und zu wachsen. In diesem Zusammenhang lernte sie auch die Bedeutung des kontinuierlichen Verbesserungsprozesses kennen.

Lena verstand, dass kontinuierliche Verbesserungsprozesse ein zentraler Bestandteil des Erfolgs jedes Unternehmens waren. Sie erkannte, dass ein Unternehmen, das nicht in der Lage war, sich ständig zu verbessern und neue Wege zu finden, um effizienter zu arbeiten und den Kundennutzen zu maximieren, langfristig keine Überlebenschance auf dem Markt hatte. Sie erkannte auch, dass kontinuierliche Verbesserungsprozesse keine einmalige Maßnahme waren, sondern ein Kreislauf, der regelmäßig durchgeführt werden musste, um sicherzustellen, dass das Unternehmen auf dem neuesten Stand bleibt.

Lena war bereit, sich diesen Herausforderungen zu stellen und ihre Fähigkeiten kontinuierlich zu verbessern, um ihrer Karriere eine erfolgreiche Zukunft zu sichern.

In einer Zeit, in der sich die Rahmenbedingungen in der Arbeitswelt rasant verändern und die Anforderungen an Arbeitnehmer immer höher werden, ist es für Berufseinsteiger von entscheidender Bedeutung, sich kontinuierlich weiterzubilden und flexibel auf Veränderungen zu reagieren. Die Digitalisierung und die wachsende Bedeutung von Technologien stellen Unternehmen vor neue Herausforderungen, denen sie nur mit qualifizierten und gut ausgebildeten Mitarbeitern begegnen können. Um wettbewerbsfähig zu bleiben, müssen sich Unternehmen ständig weiterentwickeln und ihre Prozesse verbessern. Dies erfordert Mitarbeiter, die bereit sind, sich auf neue Technologien und Arbeitsweisen einzulassen und ihre Fähigkeiten ständig zu verbessern.

Für Berufseinsteiger bedeutet dies, dass sie sich nicht auf ihrem bisherigen Wissen ausruhen können, sondern kontinuierlich ihre Fähigkeiten erweitern und verbessern müssen. Es ist wichtig, offen für neue Technologien und Prozesse zu sein und die Bereitschaft mitzubringen, sich auf neue Herausforderungen einzulassen. Nur so können Berufseinsteiger ihre Karrierechancen verbessern und ihren Marktwert steigern. Eine kontinuierliche Weiterbildung, sei es durch berufsbegleitendes Studium, Kurse oder Schulungen, ist daher unabdingbar. Es ist auch empfehlenswert, in Projekten zu arbeiten, um neue Menschen, Methoden und Vorgänge kennenzulernen und die eigene Interkulturalität zu stärken.

Es ist ebenfalls wichtig, die eigene Position und Tätigkeit im Unternehmen im Laufe der Zeit zu wechseln, um in Bewegung zu bleiben und neue Herausforderungen anzunehmen. Dies kann dazu beitragen, dass Berufseinsteiger nicht in eine bestimmte Tätigkeit oder Position eingeschränkt werden und demotiviert werden.

Es ist auch wichtig zu beachten, dass jedes Unternehmen seine eigene Kultur, Vorgehensweisen und Prozesse hat, die sich unterscheiden können. Daher ist es empfehlenswert, Erfahrungen in verschiedenen Unternehmen und Branchen zu sammeln, um unterschiedliche Vorgehensweisen kennenzulernen und eine breitere Perspektive zu erlangen.

In einer sich schnell verändernden Welt sollten Berufseinsteiger offen für Veränderungen sein und sich kontinuierlich weiterbilden, um den Anforderungen des Arbeitsmarkts gerecht zu werden und um ihren Marktwert zu steigern.

Buch

Coaching ist ein hocheffizienter Weg, Probleme innerhalb kurzer Zeit zu lösen.

Eduard Frühwirt schrieb dieses Buch für all jene, die auf der Suche nach einem professionell arbeitenden Coach sind.

Ziel war es, das Handwerkzeug zu geben, um einen Profi selber zu erkennen. Ob der ausgewählte Coach auch tatsächlich Experte auf seinem Gebiet ist und professionell Anliegen und Lösungswege der KlientInnen begleiten kann.

Es war ein Herzensanliegen des Autors, ein praxisnahes Buch für KlientInnen bzw. Coachees zu schreiben.

Über den Autor

Eduard Frühwirt ist Dipl. Trainer für Sozial- und Wirtschaftskompetenz und Hypno-Systemischer Coach, sowie Gründer der Bildungsakademie VIENNA MEDIA. Neben dem Abhalten von Seminaren und Lehrgängen im Bereich Soft Skills und seinen Tätigkeiten als Coach bildet er selbst seit vielen Jahren erfolgreich TrainerInnen und Coaches aus.

Informationen finden Sie im Internet auf:
www.fruehwirt.org
www.viennamedia.com